Ferdinand Wohltmann

Der Plantagenbau in Kamerun und seine Zukunft

Ferdinand Wohltmann

Der Plantagenbau in Kamerun und seine Zukunft

ISBN/EAN: 9783743327030

Hergestellt in Europa, USA, Kanada, Australien, Japan

Cover: Foto ©ninafisch / pixelio.de

Manufactured and distributed by brebook publishing software (www.brebook.com)

Ferdinand Wohltmann

Der Plantagenbau in Kamerun und seine Zukunft

F. Wohltmann, Plantagenbau in Kamerun.

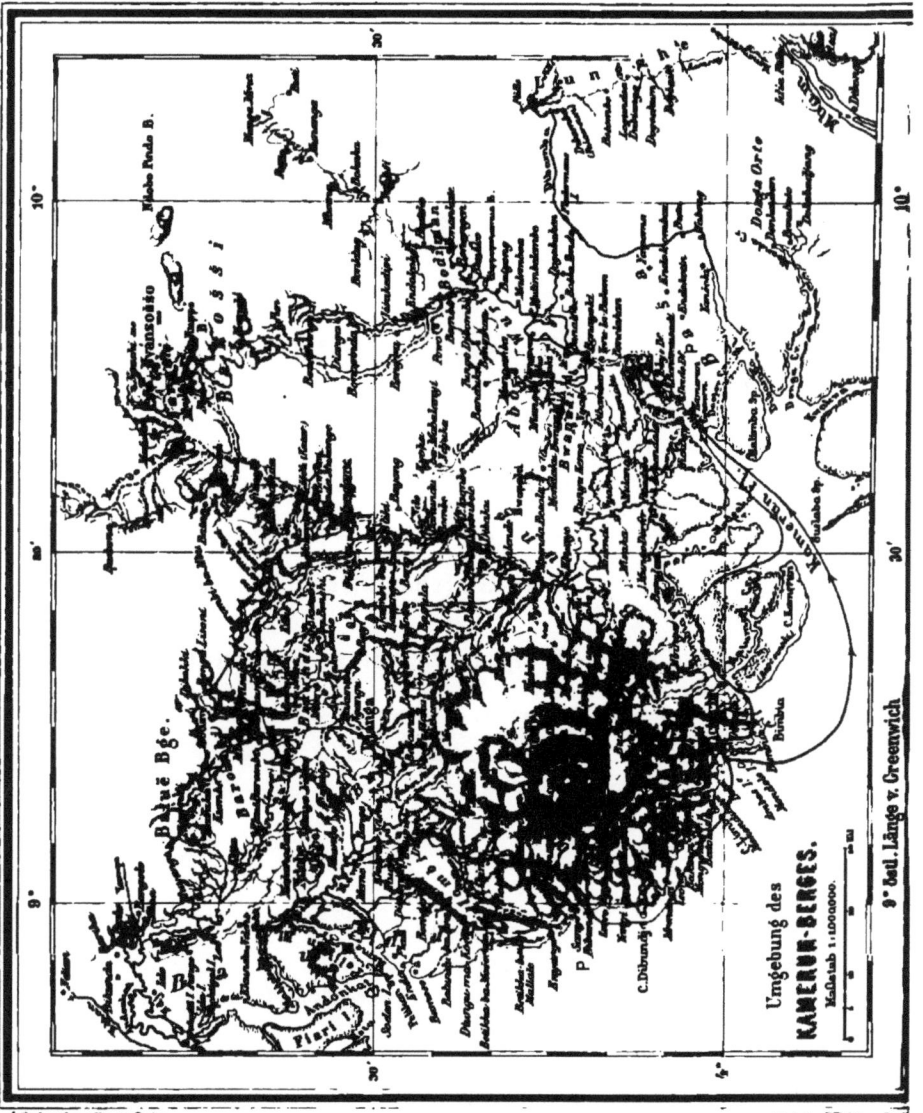

Erklärungen.

Der Plantagenbau in Kamerun und seine Zukunft.

Drei Reiseberichte
von
Prof. Dr. F. Wohltmann, Bonn-Poppelsdorf

mit 12 Abbildungen, 2 Karten und 2 Plänen.

Berlin.
Verlag von F. Telge,
Verlagsbuchhandlung für Landwirtschaft
1896.

Inhalt.

		Seite
	Vorwort	5
Erster Reisebericht:	Heimische und tropische Landwirtschaft und der tropische Raubbau	7
Zweiter Reisebericht:	Der Plantagenbau in Kamerun	14
	Klima	15
	Boden	17
	Die Plantagen:	18
	Bongó	19
	Kriegsschiffhafen oder Bimbia	20
	Bibundi	27
	Debundja	30
	Victoria	30
	Busa	32
	Johann-Albrecht-Höhe (Barombi)	33
Dritter Reisebericht:	Die Zukunft Kameruns	34
	1. Welche Flächen liegen in Kamerun für den Plantagenbau vor, d. h. welche Ausdehnung sieht ihm offen?	35
	2. Ist Deutschland kapitalkräftig genug, seine Kolonien durch Plantagen-Anlagen auszunutzen?	37
	3. Sind genügend Kräfte in Deutschland für einen umfangreichen Plantagenbau vorhanden oder sonstwie zu beschaffen?	37

Vorwort.

Gegen Ende des Jahres 1895 faßte ich den Entschluß die nächsten Osterferien durch eine Reise nach Kamerun, welches ich bereits 1888/89 besucht hatte, auszunutzen. Am 11. Februar schiffte ich mich auf dem Wörmann-Dampfer „Lulu Bohlen" in Hamburg ein, landete am 10. März in Kamerun und trat am 3. April die Heimreise an über St. Thomé, Lissabon und Paris nach Bonn, wo ich am 27. April wieder eintraf. In der Zeit vom 12. März bis 1. April besuchte ich die Pflanzungen des Kamerungebirges und umwanderte dasselbe in 15tägiger Tour.

Der Zweck meiner Reise war:

1. die Pflanzungen und landwirtschaftlichen Anlagen Kameruns zu besichtigen und ihre Entwicklung einzusehen,
2. die Bodenarten Kameruns an Ort und Stelle in Augenschein zu nehmen, welche während 1895 in meinem Laboratorium untersucht waren und durch ihren sehr hohen Nährstoffreichtum auffielen,
3. die Anbaufähigkeit des Kamerun-Gebirges sowie die Flächen-Ausdehnung des kulturfähigen Bodens daselbst festzustellen, insbesondere die Grenze zwischen dem Basalt- und Laterit-Boden,
4. mich noch einmal von der Güte des Bodens und des Klimas am Kamerungebirge durch Augenschein zu überzeugen, um zurückgekehrt mit voller Zuversicht und Ueberzeugung für die plantagenmäßige Ausnutzung des Kamerun-Gebirges eintreten zu können,
5. besondere Studien über Klima, Boden und Verwitterung in den Tropen vorzunehmen.

Eine Unterstützung seitens Seiner Excellenz des Herrn Ministers für Landwirtschaft, Domänen und Forsten, Herrn Freiherrn von Hammerstein-Loxten, des Direktors der Kolonial-Abteilung des auswärtigen Amtes, des Wirklichen Geheimen Legationsrates Herrn Dr. Kayser, sowie auch insbesondere der Hamburger Kaufherren Herren Jantzen, Thormählen, Dollmann und Wörmann, sowie schließlich vieler Herren in Kamerun ermöglichte mir die schnelle Durchführung meines Planes. Allen diesen Herren sei der herzlichste Dank für ihre gütige Hülfe ausgesprochen!

Mögen meine Reise und dies Büchelchen der kolonialen Entwicklung Deutschlands Nutzen bringen und die vaterländischen Interessen fördern!

Bonn, im Sommer 1896.

Dr. F. Wohltmann,
Professor der Landwirtschaft und Dirigent des
Versuchsfeldes der landwirtschaftlichen Akademie
Bonn-Poppelsdorf.

I. Heimische und tropische Landwirtschaft und der tropische Raubbau.

Wie die Menschenrassen in ihren Eigenarten in erster Linie durch das Klima bestimmt werden, so sind auch die Kulturpflanzen zuerst vom Klima abhängig. Die von uns in der Heimat angebauten hauptsächlichsten Gewächse sind für die Tropen nicht geeignet, ja die meisten derselben reichen kaum in die Subtropen hinein. So findet der Roggen in Griechenland sein südlichstes Anbaugebiet, auch der Hafer bringt nicht weiter nach Süden und der Weizen und die Gerste müssen, je wärmer die Gefilde werden, dem Mais, Sorghum, der Negerhirse 2c. und dem Reis weichen und werden in der eigentlichen Tropenzone vom 25° nördlicher bis 25° südlicher Breite — ausgenommen natürlich in hohen Gebirgslagen — nicht mehr angetroffen. Mit Kartoffeln und Rüben steht es nicht viel anders, an ihre Stelle treten im Erdgürtel Bataten, Pfeilwurz, Maniok, Yams, Kolo 2c. als menschliche Knollennahrung. Dazu kommt dann ferner die große Anzahl der nährstoffreichen sogenannten Südfrüchte und Oelgewächse, welche den Tropen insbesondere eigen sind. Erstere bieten dem menschlichen Gaumen zwar viele Abwechselung, pflegen jedoch dem Europäer wegen ihres Mangels an Frische und häufig auch Aroma auf die Dauer weniger zuzusagen, als die heimischen Fruchtarten. Die tropische Landwirtschaft hat jedoch vor der heimischen bekanntlich den Anbau einer großen Anzahl von Reiz- und Gewürzfrüchten voraus, wie Kaffee, Thee, Kakao, Pfeffer, Vanille 2c. 2c., sowie einiger Gespinnst- und Faserpflanzen. Und gerade die eben genannten Früchte machen, nachdem man heute gelernt hat, sie in rationeller Weise anzubauen, einen Haupttheil der tropischen Landwirtschaft aus und liefern bereits jetzt, mehr aber noch in der Zukunft, die vornehmlichsten Exportartikel der Tropenländer. Der Grund, weshalb unsere heimischen Kulturpflanzen — wenn man von einigen Gemüsearten absieht — in den Tropen versagen, liegt vornehmlich in der dort herrschenden höheren Temperatur. Andererseits bietet unser heimisches Klima den Tropengewächsen nicht jene anbauernde Wärme, welche ihre Zellsäfte beanspruchen, um sich dünnflüssig zu erhalten und ohne Störung von der einen Zelle in die andere überwandern zu können. Es ist klar, daß z. B. Oel oder Gummi liefernde Gewächse nur dort große Mengen Ertrag liefern können, wo eine hohe Temperatur ihre Säfte stets mobil erhält und sie am Erstarren hindert, dem sie in unserem kälteren Klima naturgemäß mehr ausgesetzt sind.

So ist also die Wärme derjenige Faktor, welcher vornehmlich die Grenzlinie des Anbaues der verschiedenen Kulturgewächse zieht. Daneben reden aber auch die Regen- und Feuchtigkeits-Verhältnisse ein entscheidendes Wort mit. Es beanspruchen jedoch manche tropischen Kulturen nicht mehr oder kaum so viel Regen, als unsere heimischen, sie verlangen Wochen und Monate lang die größte Dürre, um reiche und gute Frucht zu liefern (z. B. die Feigen und Datteln); andere dagegen besitzen ein ausgesprochenes Bedürfnis für große Feuchtigkeitsmengen, welches das unserer heimischen Kulturpflanzen um das Mehrfache übersteigt. Dieser Unterschied in den Feuchtigkeitsansprüchen der tropischen Kulturpflanzen unter einander bringt es mit sich, daß man in ihrer Auswahl leicht Fehlgriffe macht, wenn man ihre Natur und den klimatischen Charakter einer neuen Siedlung nicht genügend kennt.

Wir haben in Deutschland in Bezug auf Wärme und Niederschläge bei weitem nicht jene hohen Extreme aufzuweisen, wie man sie in den Tropen antrifft. Für die drei Orte, welche sich charakteristisch von einander unterscheiden:

Halle a. S. mit kontinentalem Flachlandklima,
Göttingen mit beginnendem Gebirgsklima,
Königsberg mit kaltem Seeklima

gestalten sich die Verhältnisse für das Jahr und die Haupt-Vegetationszeit nach folgender Tabelle in ⁰ Celsius:

	Mittlere Jahres- Temperatur	Mittlere Temperatur von:		
		Mai und Juni	Juli und August	September und Oktober
Halle a. S.	9,0°	15°	18,5°	11,9°
Göttingen	8,5°	14°	17,3°	11,5°
Königsberg	6,6°	13°	17,0°	10,5°

Tafel 1. Im Park zu Kamerun. Das Nachtigal-Denkmal und das Regierungs-Gebäude.
Autotypie nach einer von Prof. Wohltmann an Ort und Stelle aufgenommenen Photographie.

Tafel 2. **Viktoria vom Regierungs-Gebäude aus aufgenommen.**
Autotypie nach einer von Prof. Bohlmann an Ort und Stelle aufgenommenen Photographie.

An Regen weist auf im Mittel pro Jahr:
  Halle a. S.   484 mm
  Göttingen   542 „
  Königsberg   610 „

Vergleichen wir damit tropische Orte, welche uns besonders interessieren oder sich durch hohe Agrikultur auszeichnen, so finden wir folgendes Bild:

	Mittlere Temperatur in ° Celf.			Mittlere jährliche Regenmenge
	des Jahres	des kältesten Monats	des wärmsten Monats	
Zanzibar	26,7°	25,2°	28,1°	1540 mm
Batavia auf Java	25,8°	25,1°	26,2°	2066 „
St. Anns, Trinidad	25,5°	24,4°	26,3°	1692 „

Diese Zahlen stellen ein echt tropisches, sagen wir: tropisches Normal-Klima dar, wie es ungefähr auch unsere deutschen Kolonien in Togo, und zum Teil in Kamerun und in Ostafrika aufweisen. (Leider sind die meteorologischen Beobachtungen, welche bis jetzt über unsere Kolonien vorliegen, noch zu mangelhaft und auch zu kurzer Dauer, um beachtenswerte Mittelzahlen bieten zu können.) Nur zeichnen sich einige wenige tropische Länder durch mehr oder minder erheblich höhere Regenmengen aus, so z. B. Hinter-Indien, der untere Lauf des Amazonenstromes, die Fidschi-Inseln und einige Inseln des indisch-malayischen Archipels, sowie die Süd- und Südwestseite des Kamerungebirges.

Im übrigen ersehen wir aus jenen Zahlenbildern, daß sich die Tropen nicht nur durch weit höhere, sondern auch durch weit gleichmäßigere Temperaturen charakterisieren, und daß sie in der Regel mit Regenmengen arbeiten, gegen welche die unsrigen weit zurückstehen. So liegen wenigstens die klimatischen Verhältnisse in dem größeren Teil der Tropenländer, welche in etwa 1 bis 300 Meter über dem Meere gelegen sind. Auf die Ausnahmen hier näher einzugehen, liegt nicht im Sinne dieses Aufsatzes.

Die Höhe und Gleichmäßigkeit der Temperaturen hat nun in den Tropen zur Folge, daß daselbst der landwirtschaftliche Betrieb während des ganzen Jahres im Gange ist und niemals von der kalten Zeit, höchstens hier und da von der Regenzeit unterbrochen wird. Man kann daher 2, ja 3 Früchte demselben Acker während eines Jahres entnehmen und sieht z. B. häufig am Kaffeestrauche ober Baume Blüten, ansetzende und reife Früchte nahezu während des ganzen Jahres. Dadurch wird insbesondere der gewinnbringende Anbau perennierender Gewächse begünstigt, und so finden wir denn, daß der tropische Plantagenbau sich vornehmlich mit perennierenden Sträuchern und Bäumen beschäftigt.

Auch der tropische **Boden** ist eigenartig. Das ist einmal durch die Intensität der Verwitterung bedingt, welche in den Tropen weit stärker arbeitet, als bei uns, dann durch den gemeiniglich größeren Reichtum an Stickstoff, welcher in Form von Stickstoffsäuren und Ammoniak aus der Atmosphäre durch den Regen und durch die Absorption jenen Böden zu Teil wird, und schließlich auch durch die Einfachheit des Mutter-Gesteins, aus welchem der Boden im Erdgürtel hervorgegangen ist.

Der Verwitterungsprozesse sei hier nur insoweit gedacht, als daß ich darauf aufmerksam mache, daß die reichlichen und schweren tropischen Regen die gewöhnlich von Natur schon kalkarmen Gesteine und Böden der Tropenländer durch Auswaschungen immer kalkärmer machen. Diese Auswaschungen gehen um so leichter vor sich, als dort bei der schnellen Zersetzung der organischen Substanzen Humusböden nur relativ selten gebildet werden, der Kohlenstoff der organischen Substanz vielmehr schnell in Kohlensäure umgebildet wird, welche vom Wasser aufgenommen, eine überaus schnelle Ueberführung der Silikate in leichtlösliche Karbonate bewirkt. Daher zeigten die meisten der zahlreichen Untersuchungen tropischer Böden, welche ich ausführte, einen ausgesprochenen Kalkmangel, sehr oft weniger als 0,1 pCt. Dafür pflegen die meisten Tropenböden jedoch verhältnismäßig viel Magnesia aufzuweisen, welche in den Mineralien der Verwitterung und Auswaschung größeren Widerstand leistet; und außerdem sind sie gemeiniglich weit reicher an in Salzsäure löslichen Eisen- und Thonerde-Verbindungen, als unsere heimischen Aecker. Der Kaligehalt der meisten Tropenböden, wenigstens soweit das Kali in kalter Salzsäure löslich, ist gemeiniglich gering und der Phosphorsäure-Gehalt nur unter ganz besonderen Bedingungen hoch, sonst nicht. Dahingegen pflegen die meisten Tropenböden, wenn sie nicht aus magerem Sande bestehen, einen ziemlich, oft außerordentlich hohen Stickstoffgehalt zu besitzen, selten unter 0,1 pCt. der Feinerde (< 2 mm). Dieses erklärt sich zum Teil daraus, daß infolge der vielen Gewitter in den Tropen — (70 bis 200 Gewittertage pro Jahr, während man bei uns nur 18 alljährlich rechnen kann) —

dort viele Stickstoffsäuren in der Atmosphäre entstehen, welche bei der elektrischen Entladung aus dem elementaren Stickstoff und Sauerstoff der Luft gebildet und dann durch die Niederschläge dem Boden einverleibt werden. Wenn bei uns durch die Niederschläge alljährlich pro 1 ha rund 12 kg Stickstoff in Form von Stickstoffsäuren und Ammoniak aus der Atmosphäre zugeführt werden, so kann man in Tropenländern mit 2000 mm jährlichen Regenfall pro 1 ha mindestens 40 bis 50 kg Stickstoffzufuhr rechnen, d. i. nahezu jene Menge, welche die Kulturpflanzen im Mittel pro 1 ha benötigen. Schon aus diesem Grunde sind daher Stickstoffdüngungen in den Tropen für gewöhnlich nicht nur nicht angebracht, sondern sogar irrationell; sie schädigen obendrein auch die Qualität der Produkte. Und für die Tropen hat daher die alte Liebig'sche Theorie, daß man nur die durch die Ernte entzogenen Mineralstoffe dem Boden zurückzugeben habe, nicht den Stickstoff, ihre beschränkte Bedeutung noch nicht verloren, wie es bei uns der Fall ist.

Durch seinen hohen Eisen- und Thonerde-Gehalt, der um so höher zu werden pflegt, je älter ein Boden geologisch ist, besitzt dann ferner der tropische Boden auch eine besonders hohe Fähigkeit, Ammoniak aus der Atmosphäre zu absorbieren, und es ist diese seine Eigenschaft, sich mit Stickstoff zu bereichern, gleichfalls keineswegs zu unterschätzen.

So ist es nichts seltenes, Tropenböden zu finden, welche, obgleich humusarm, doch über 0,5 pCt. Gesamtstickstoff aufweisen, während die humusreichen Schwarzerden von Texas, Manitoba, Südrußland und Indien mit ihrem Gehalt an Humus von 8—16 pCt. es in bezug auf Stickstoff doch nicht viel höher als höchstens 0,3 pCt. bringen und unsere heimischen Ackererden selten 0,2 pCt. erreichen. Nur in ihrem hohen Stickstoffgehalt, der beständig ersetzt wird, besteht die vielfach gerühmte unerschöpfliche Kraft vieler Tropenböden. In bezug auf die Mineralstoffe haben sie vor unseren Verwitterungsböden nichts voraus.

Was schließlich den geologischen Ursprung der Tropenböden betrifft, so ist derselbe in der Hauptsache recht einseitig zu nennen. Die großen Rumpfe von Centralafrika, Brasilien und Nordaustralien und ebenso viele Inseln Südasiens stellen fast ausschließlich uraltestes Gestein nebst ihren Verwitterungsprodukten dar. Dasselbe ist hie und da nur inselartig durchsetzt von gabbroartigen, porphyrischen und neovulkanischen Gebilden. In Central-Amerika und Nord-Indien finden sich Ausnahmen davon. Dementsprechend ist der Boden im Erdgürtel vornehmlich das Verwitterungs-Produkt von Granit, Syenit, Gneis, kryftallinischen Schiefern sowie uralten Sandsteinen. Zwischendurch tauchen Diabas, Gabbro, Porphyr (seltener), Basalt, Trachyt (seltener) mit ihren Verwitterungsprodukten auf.

Bekanntlich liefern die erst genannten Gesteine, Granit, Gneis 2c. zwar einen an Kali und auch an Lehm recht günstigen Boden. Derselbe steht jedoch chemisch wie physikalisch weit hinter dem zurück, welcher aus Diabas und jungvulkanischen Gesteinen, insbesondere Basalt, hervorgegangen ist. Daher erblicken wir überall dort in den Tropen die höchste Rentabilität und Blüte des Plantagenbaues, wo er auf den Verwitterungsböden von Diabas und Basalt betrieben wird. Ich erinnere vornehmlich an Java, dieses Musterland der tropischen Agrikultur, und an die Inseln des indisch-malayischen Archipels, sowie der Südsee. Auch die Böden des Kamerun- und Kilimandscharo-Gebirges erfreuen sich solchen Vorzuges. Das haben bezüglich Kamerun meine Untersuchungen aus dem Jahre 1895 durchaus bestätigt.

Wenn man bei uns in Mitteldeutschland oder auch in England mehrtägige Fußtouren unternimmt zwecks geologischer oder Bodenstudien, so überschreitet der Fuß in kurzer Zeit häufig die mannigfaltigsten geologischen Formationen. Böden von Buntsandstein, Muschelkalk, Jura, Kreide, Basalt und Tertiär in wenigen Tagen zu durchwandern, ist z. B. in Südhannover nicht schwierig. Anders in den Tropen! Da kann man wochenlang eine Gegend durchstreifen, ohne auch nur im geringsten eine beachtenswerte Abwechselung der Gesteine und ihrer Verwitterungsprodukte anzutreffen. Selbst die alluvialen Niederungen unterbrechen selten das eintönige geologische Bild.

Die tropische Bodenlehre ist daher an geologischen Unterschiedlichkeiten arm und bietet bei weitem nicht jene Mannigfaltigkeit der Bodengebilde, wie sie bei uns in Deutschland vorliegt. Um so lehrreicher sind jedoch dort an Ort und Stelle die Studien über Verwitterung. Man trifft zuweilen auf Verwitterungsrinden von staunenswerter Tiefe und Klarheit der ursprünglichen Gesteins-Struktur.

Hunderttausende oder Millionen von Jahren ist speziell der Boden Centralafrikas und Brasiliens den Einflüssen der Verwitterung ausgesetzt gewesen und hat dabei weniger mechanische Umlagerung, als vornehmlich chemische Zersetzung und Umwandlungen durch Auslaugungen 2c. erfahren müssen. Während über Deutschland das

Muschelkalk-, das Jura-, das Kreide-, das Tertiär-Meer brandeten und die Erdrinde Mitteleuropas sich bald über dem Meeresspiegel erhob, bald sich viele Meter tief unter ihn senkte, lag der afrikanische und brasilianische Rumpf fest und unbeweglich da, glühender Hitze und mehr oder minder beträchtlichen Regengüssen ausgesetzt; niemals jedoch von Meeresfluten überspült, von Meeresabsatz überdeckt oder der zertrümmernden Gewalt der Gletscher oder nagenden Kraft ihrer Wässer unterworfen.

So weisen also — ganz abgesehen von den Kulturpflanzen — die Grundlagen einer jeden Landwirtschaft: der Boden und das Klima, in den Tropen Verhältnisse auf, welche dem heimischen Landwirt durchaus neu sind. Und es ist daher nicht leicht, sich schnell darin zurecht zu finden. Die Kenntnis von Klima und Boden aber ist die Grundbedingung, wenn es sich darum handelt, Kulturgewächse anzubauen, welche bis dahin fremd waren, und eine rentable Kultur anzulegen. Manche Fehlgriffe wären auch in unseren Kolonien nicht begangen, wenn man sich über die Beschaffenheit von Boden und Klima genauer unterrichtet und dieselbe mit den Ansprüchen verglichen hätte, welche die verschiedenen Kulturpflanzen erfordern. Ich erinnere an die vergeblichen Versuche des Anbaues der Baumwolle in Ostafrika!

Fremd ist aber auch dem heimischen Landwirt die Art des Betriebes der tropischen Agrikultur. Unsere heimische Landwirtschaft basiert in der Hauptsache auf der alljährlichen Bestellung der Aecker, die tropische in der Hauptsache auf dem Plantagenbau, d. h. auf dem Anbau perennierender Pflanzen, die als Sträucher oder Bäume ausgesetzt werden. Man spricht daher dort nicht von Aeckern, sondern von Pflanzungen, Plantagen. Und in diesen arbeitet obendrein das ganze Jahr hindurch die pflegende Hand des Gärtners, weniger die des Ackerbauers.

Auch dadurch unterscheidet sich die heimische Landwirtschaft wesentlich von der tropischen, daß wir in Deutschland Düngung und rationellen Ersatz der Nährstoffe neben der richtigen Fruchtfolge als obersten Grundsatz unseres Betriebes hinstellen, während in den Tropen der ausgesprochenste Raubbau allgemein am Platze ist und die höchste Rentabilität sichert. Der tropische Landwirt kann daher nur dann auf Erfolg rechnen, wenn er einen Boden kultiviert, der von der Natur mit allen Nährstoffen reichlichst versehen ist. Eine Plantage auf einem an Mineralstoffen armen oder auch auf einem mit Mineralfloffen nur mäßig verfehenen Boden ist daher ein von vorn herein totgeborenes Unternehmen. Düngungen in der tropischen Agrikultur rentieren sich heute nur sehr vereinzelt oder überhaupt nicht. Es giebt noch Böden genug in den Tropen, die ohne Düngungen reichlich produzieren und mit denen ein nährstoffarmer, düngungsbedürftiger Boden nicht konkurrieren kann.*)

Liegt aber ein von Natur fruchtbarer Boden vor, ist das Klima ein günstiges, dann erfordert der tropische Betrieb nur noch eine günstige Verkehrslage, um zu den größten Hoffnungen zu berechtigen!

Wie steht es damit in Kamerun?

Kamerun, den 10. März 1896.

II. Die Plantagen am Kamerungebirge.

Seit 1884 befindet sich Kamerun in deutschem Besitz. Was wir Deutschen dort in 12jähriger Arbeit geleistet haben, ist in anbetracht unserer kolonialpolitischen Jugend höchst beachtens- und anerkennenswert; es entspricht jedoch nach meiner Auffassung nicht dem, was auf Grund der günstigen Handelslage Kameruns und der großartigen natürlichen Bedingungen für Plantagenbau und auch Viehzucht daselbst hätte geleistet werden können.

Für diesen Umstand ist zum größten Teil verantwortlich zu machen das häufige Mißgeschick in der Auswahl derjenigen Personen, welche nach Abgang des ersten Gouverneurs, des vortrefflichen und erfahrenen Herrn von Soden, berufen wurden, in der obersten Leitung der Kolonie zu wirken oder mitzuwirken. Empfindet man schon bei uns im Volke nahezu allgemein schmerzlich das Gefühl, daß eine große Zahl Juristen mit unzureichender allgemeiner Vorbildung und Lebens Erfahrung in das Leben und in Aemter eintreten,

---

*) Eine eingehende Darlegung der Klima-, Boden- und Düngungs-Verhältnisse in den Tropen findet sich in meinem „Handbuch der tropischen Agrikultur für die deutschen Kolonien in Afrika" Band I Seite 34—259. (Leipzig, Duncker u. Humblot, 1892. — Durch F. Telge, Berlin SW., zu beziehen.)

so wird man sich nicht wundern dürfen, daß dieselben Personen in außergewöhnliche — koloniale — Verhältnisse versetzt, nur in den seltensten Fällen daselbst den höheren Anforderungen gerecht werden können. Und kommt nun gar zu dem Mangel an Verständnis und Erfahrung noch der viel unglückseligere an Pflichtgefühl, an ernster tiefer Lebens-Auffassung und wahrer voller — ich möchte sagen leidenschaftlicher — Hingabe an den Beruf, in diesem Falle an die koloniale Sache Deutschlands, dann ist wenig oder nichts zu erwarten! Unter diesen Bedrängnissen hat Kamerun zeitweise sehr gelitten! Und ehe nicht in dieser Beziehung eine volle Gesundung an allen Gliedern eingetreten ist, wird Kamerun nicht aufhören zu kränkeln.

Man ist nachgerade bezüglich Kamerun, nicht allein in den Handelskreisen, sondern auch bereits in den Regierungskreisen, zu der Ansicht gelangt, daß bei dem Rückgang der Exportartikel und dem unterlassenen Aufschluß des Hinterlandes, in das die Engländer und Franzosen immer mehr und mehr einbringen, die besten Tage für den Handel in Kamerun gezählt sind, und die neueste Statistik läßt daran einen Zweifel kaum mehr aufkommen. Mit Recht drängen daher gerade die einsichtigsten kaufmännischen Kreise darauf, den Plantagenbau zu fördern, für welchen die günstigsten Bedingungen vorliegen.

Das Klima Kameruns.

Das ganze Kamerun-Gebiet wird etwa durch den 4. Breitegrad klimatisch in 2 Teile zerlegt. Von diesen hat für unsere Betrachtungen zunächst nur der nördliche Bedeutung. Er ist der fruchtbarere und umfaßt das Kamerungebirge mit den ihm an und eingelagerten Geländen. Diese sind nahezu sämtlich, sofern ihre teilweise Abschüssigkeit keine Hindernisse bereitet oder die Höhe der Lage den Anbau tropischer Kulturgewächse verbietet, plantagenfähig. Hier haben wir es nun mit einem echt tropischen üppig produzierenden Klima zu thun. Die mittlere Jahrestemperatur beträgt, ziemlich gleichmäßig in den einzelnen Monaten, etwa 26° C.; das absolute Maximum dürfte 35° kaum erreichen und das absolute Minimum kaum 15° C. In der Regel bewegen sich jedoch die Maximal- und Minimal-Temperaturen zwischen 33° und 20° C. In den höheren Lagen scheint mir die mittlere Jahrestemperatur kaum um 0,4° C. auf 100 m Erhebung zu fallen, höchstens auf der nordöstlichen, dem Festlande zugewandten Seite des Gebirges.

Sehr günstig sind auch die Regenmengen, nicht nur ihre Gesamtmenge im Jahr, sondern auch insbesondere ihre Verteilung auf die einzelnen Monate. Man kann ungefähr rechnen, daß im Jahresmittel fällt: auf der Süd-, Südwest- und Westseite des Gebirges 4500—5000 mm (Maximum 7000, Minimum 4000), auf der Ost- und Nordseite jedoch wohl kaum mehr als 3000 mm. Die einzelnen Thäler und Lagen verhalten sich übrigens zum Regenfall lokal und regional sehr verschieden, so ist z. B. Bibunbi ein ausgesprochener Regenort mit den höchsten Feuchtigkeitsmengen in ganz Afrika.

Wenn aber auch hier oder da die Regenmenge als sehr reichlich bezeichnet werden darf, so ist ihre Verteilung auf die einzelnen Monate doch so günstig, daß die Kulturen unter übergroßer Nässe noch niemals gelitten haben. Dezember, Januar und häufig auch die erste Hälfte des Februar sind nämlich ausgesprochene Trockenmonate, in benen kaum ein Tropfen Regen fällt. November und Ende Februar sind auch noch regenarm zu nennen, Oktober und März als Gewitter- und Uebergangsmonate, welche im ersteren Falle die eigentliche Regenzeit ausleiten und im letzteren Falle einleiten, zu bezeichnen. Für diese selbst verblieben somit nur die Monate April, Mai, Juni, Juli, August und September und zwar erreicht die Regenzeit ihren Höhepunkt im Juli mit etwa 850 mm Regenmenge. Von der gesamten Regenmenge fallen etwa 80 pCt. von Anfang Mai bis Ende August, also in 4 Monaten.

Die Wärme- wie die Feuchtigkeitsmengen sind daher in diesem Teile des Kamerungebietes so über alle Maßen günstig und sicher zu nennen, wie man das selten in den Tropen antrifft. Und sollte wirklich lokal hier oder da zu viel Feuchtigkeit vorliegen — was sich jedoch nirgend am Gebirge durch eine etwaige Sumpfvegetation kundthut — so wird die für den Plantagenbau nötige Entwaldung schon eine Verminderung der Niederschlagsmengen nach sich ziehen. Diese Erfahrung hat man in St. Thomé gemacht und das ist ja auch nicht anders zu erwarten! In klimatischer Beziehung berechtigt daher das Kamerungebirge zu den höchsten Hoffnungen für den Plantagenbau. Speziell die Küste am Kamerungebirge bietet ein typisches feuchtwarmes Tropenklima mit echter feuchtwarmer Treibhausluft, wie sie Kakao, Vanille, Bananen u. s. w. lieben und der Kaffee nicht verschmäht. In den höheren Lagen ist das Klima frischer und etwa bei 1000 m Meeres-Erhebung ist die Kartoffel bereits mit Erfolg zu kultivieren, wie die Anbauversuche in Buëa dargethan haben

Tafel 3. **Im botanischen Versuchsgarten zu Viktoria.** (Direktor Dr. Preuß).
Autotypie nach einer von Prof. Wohltmann an Ort und Stelle aufgenommenen Photographie.

JOHN
XIV.

Tafel 4. Bananen-Pflanzung im botanischen Versuchsgarten zu Viktoria.
Autotypie nach einer von Prof. Wohltmann an Ort und Stelle aufgenommenen Photographie.

THE
JOHN CRERAR
LIBRARY

Tafel 5. Vanille-Pflanzung mit Blüten und Schoten im botanischen Versuchsgarten zu Viktoria.
Autotypie nach einer von Prof. Wohltmann an Ort und Stelle aufgenommenen Photographie.

THE
JOHN CRERAR
LIBRARY

Der Boden am Kamerungebirge

ist gleichfalls hervorragend günstig. Nicht nur sind die Nährstoffmengen in ihm sehr große, sondern ihre Mischung ist auch eine ganz vorzügliche. Ich kenne nur sehr wenige Tropenländer, welche sich einer so guten Bodenbeschaffenheit rühmen können, wie Kamerun sie im Gebirge besitzt. Es ist das auch wohl verständlich!

Der Boden des Kamerungebirges ist in der Hauptsache das Verwitterungsprodukt von festem Basalt, basaltischer Lava und vulkanischer Asche, sowie vulkanischem Schlamm, aus denen ja die nährstoffreichsten Böden hervorzugehen pflegen. Gegenüber den Böden, welche in unseren anderen Kolonien Afrikas vorliegen, ist der Kamerun-Boden als ein ganz ausnahmsweise fruchtbarer hinzustellen, der selbst die besten Böden Ostafrikas am Pangani noch weit überflügelt. Ich stütze mich hierbei auf meine Untersuchungs-Ergebnisse sehr vieler Böden aus unseren afrikanischen Kolonien, welche soeben im Erscheinen begriffen sind,*) und auf meine Untersuchungen an Ort und Stelle, über welche ich demnächst gleichfalls im „Journal für Landwirtschaft" ausführlich berichten werde. So ergab z. B. die Analyse eines Bibundi-Bodens, welcher bereits Kakao trägt und eines Dikullu-Bodens, auf welchem eben die Anpflanzung von Kakao vorgenommen werden soll, folgendes in der That auffallende Ergebnis in bezug auf die wichtigsten Stoffe: (Aufschluß der Feinerde [< 2 mm] in kalter konzentrierter Salzsäure [1,15 spec. Gewicht] bei 48 stündigem Macerieren.)

In Prozenten der lufttrockenen Feinerde	Bibundi		Dikullu
	Oberkrume 1—25 cm	Untergrund 25—50 cm	Oberkrume 1—25 cm
Glühverlust	18,100	18,980	9,700
Stickstoff	0,760	0,544	0,147
Kalk	0,174	0,090	0,087
Magnesia	1,238	2,297	0,508
Phosphorsäure	0,217	0,179	0,218
Kali	0,098	0,016	0,124
Eisen + Thonerde	24,672	24 631	19,791

*) Siehe: Journal für Landwirtschaft, Jahrg. 1896, Seite 200—224 „Ueber Böden aus Kamerun, Senegambien und Deutsch-Ostafrika und eine verbesserte Methode der Bodenanalyse." Von Prof. Dr. F. Wohltmann und Dr. H. Kraß.

Wer diesen nährstoffreichen, mürben, milden und tiefgründigen Boden und die Vegetation, welche er trägt, gesehen hat, wird gestehen müssen, daß man in der ganzen Welt suchen muß, um eine ähnliche Güte der Natur wiederzufinden. Und derartiger Boden ist am Kamerungebirge nicht vereinzelt anzutreffen, sondern in weiter Ausdehnung!

Ja selbst die schlechtesten Böden der Bimbia-Plantage besitzen noch einen derartigen Reichtum an Pflanzennährstoffen, daß sie, abgesehen vom Kalkgehalt, unsere heimischen Böden und insbesondere auch die meisten ostafrikanischen Böden bei weitem überflügeln. Wenn es noch nötig wäre, die Güte des Bodens und Klimas am Kamerungebirge näher zu belegen, so braucht man nur den Urwald und die Pflanzungen der Eingeborenen daselbst zu betrachten — wie auch auf meinen photographischen Aufnahmen zu ersehen ist — um in Staunen über die Fruchtbarkeit des Landes auszubrechen. Ich würde dieses nicht so stark betonen, wenn man nicht bei der allgemeinen Unkenntnis, welche in Deutschland über unsere Kolonien selbst in den gebildeten Kreisen noch herrscht, noch häufig auf die Ansicht stieße, daß Kamerun gleich Südwestafrika eine öde verlassene Sandwüste sei.

Man muß sich in der That wundern, wie es möglich ist, daß der hohe Wert Kameruns als Plantagenland so lange verschleiert blieb und das um so mehr, als doch diese herrlichen Ländereien unmittelbar am Meere gelegen sind, so daß die Verschiffung der Produkte auf das Leichteste und Billigste bewerkstelligt werden kann. Das Dampfschiff ankert unmittelbar zu Füßen der Plantagen, kaum ½ bis 1 km von denselben entfernt! Wir haben am Kamerungebirge genau dieselbe Gunst der Verhältnisse, wie sie auf der nicht weit entfernten portugiesischen Insel St. Thomé vorliegt, die als eine der blühendsten Plantagen-Kolonien der Welt zu bezeichnen ist.

Die Plantagen.

Von allen Früchten, welche am Kamerungebirge angebaut werden, scheint der Kakao am vorzüglichsten zu gedeihen und die höchste Rente zu liefern. Tabak, Kaffee, Zuckerrohr, Vanille, Kardamom, Ingwer und Zimmt liefern zwar gleichfalls gute Erträge im botanischen Versuchsgarten zu Victoria, sie finden jedoch auch anderweitig in den Tropen ein günstiges Anbau-Gebiet, während das Klima und der Boden am Kamerungebirge gerade für die Kakao-Kultur wie gemacht zu sein scheint; und da diese ähnliche Verhältnisse nur wenig in der Welt antrifft, so gehört also das Kamerun-Gebirge zu den wenigen Orten, welche gleichsam für die Kakao-Kultur ein natürliches Monopol besitzen. Während also in den unteren Lagen am Kamerun-Gebirge vielleicht bis zu 500 bis 600 m Höhe der Kakao auf den besseren Böden den Vorzug verdient, wird man überall, wo der Boden knapper und höher gelegen bis dahin, wo die Temperatur nicht unter 5° C. sinkt, Kaffee und auch Tabak wie Thee mit Erfolg bauen können. Von diesen allgemeinen Gesichtspunkten geht man bei Anlage einer Pflanzung am Kamerungebirge aus.

Es sind nun bereits 4 umfangreiche Privat-Pflanzungen im Kamerungebirge in's Leben gerufen:
1. Bongó im Nordwesten des Gebirges am Meme,
2. Kriegsschiffhafen oder Bimbia (früher auch wohl Theuszfarm genannt) mit den Vorwerken M'Bamba und Dikullu im Süden des Gebirges,
3. Bibundi mit den Vorwerken Dollmannhöhe und Thormählenfelde, sowie den Zweig-Pflanzungen Isongo und Mokundange im Westen des Gebirges,
4. Debundja oder Dibundja im Südwesten des Gebirges.

Dazu werden neuerdings fest geplant:
Bota, Mundame und nahe Victoria im Limbithale 2 andere Unternehmungen.

Außerdem wird auch von den Eingeborenen zerstreut auf kleinen Flächen Kakao gezogen.

Neben diesen Privat-Plantagen hat dann für landwirtschaftliche Zwecke die Regierung Versuchs- und Anbaustationen eingerichtet:
1. den botanischen Versuchsgarten in Victoria,
2. die landwirtschaftliche Station Buöa,
3. die landwirtschaftliche Station am Elefantensee, jetzt Johann-Albrecht-Höhe genannt, früher Barombi-Station.

1. **Die Kakaopflanzung Bongó** am Meme auf der Westseite des Kamerungebirges, ca. 30 m über dem Meere gelegen, ist um die Mitte der 80er Jahre von der schwedischen Faktorei in Bongó, welche der Handelsgesellschaft Knutson, Waldau und Heilborn gehört, angelegt. Sie umfaßt etwa 25 ha. Man hatte irriger Weise für diese Pflanzung Lateritboden ausgewählt, welcher den Vorzug besaß, unmittelbar am Flusse Meme gelegen zu sein, der mit Boten und Kanus jederzeit befahrbar ist, und man hatte den sehr fruchtbaren, etwas nördlicher und weniger bequem gelegenen Basaltboden verschmäht.

Infolge dessen befindet sich diese Pflanzung heute bereits in einem wenig erfreulichen Zustande. Die Kakaobäume, welche auf gutem Boden 30 Jahre und mehr leistungsfähig sind, versagen bereits jetzt auf diesem Lateritboden. Manche Bäume sind schon vollends abgestorben, andere stehen davor und die ganze Anlage gewährt ein ärmliches Vegetationsbild, das gegen die Ueppigkeit der Kakao-Gärten auf Basaltboden sehr abfällt. Es werden eben in Bongé nur noch die Unkosten gedeckt; das angelegte Kapital ist jedoch als verloren zu betrachten. Diese Pflanzung zeigt so recht, wie sehr bei der Gründung von Plantagen Fachkenntnis erforderlich ist. Das Mißgeschick der Bongé-Pflanzung ist auch nach Aussage der Besitzer ausschließlich auf Rechnung der ungeschickten Auswahl des Bodens zu setzen. 3 km von derselben entfernt beginnt der fruchtbarste Basaltboden, welcher eine geradezu bezaubernde Ueppigkeit der Vegetation hervorgebracht hat.

2. Die Kakao-Pflanzung Bimbia oder Kriegsschiffhafen mit dem Hauptsitz in Kriegsschiffhafen ist die erste und älteste Pflanzung am Kamerungebirge, welche mit deutschem Kapital gegründet ist. Sie liegt etwa 1½ Stunden Wegs von Victoria und gehört der Kamerun-Land- und Plantagengesellschaft, einem Konsortium Hamburger Kaufleute. Ihre Anlage fällt in das Jahr 1884. Zuerst wurde Tabak gebaut, welcher jedoch zu sehr unter Insektenstichen litt. Die ersten Kakao-Kulturen wurden 1886 eingerichtet. Sieht man von dem dichten Stande der Kakaobäume ab, — welchen der erste Leiter der Plantage, Herr Theusz, irrtümlicher Weise bevorzugte — ein Uebelstand, welchem jedoch bald durch Aushoalzen abgeholfen ist, so ist die Entwicklung und der heutige Zustand der Pflanzung ein geradezu tadelloser. Mit wahrem Vergnügen weilt das Auge auf den kräftig entwickelten Kakao-Stämmen, die eine Fülle von Blüten und Früchten produzieren und eine reiche Verzinsung des Anlagekapitals versprechen, sobald alle Stämme zu tragen begonnen haben, was mit dem etwa vierten Jahre der Fall ist. Man sieht hier, was Sachkenntnis der Anlage (Herr Theusz), Intelligenz in der Fortführung (Herr Friederici, jetziger Leiter der Plantage), Aufmerksamkeit, Fleiß und Sorgfalt zu schaffen vermögen. In dieser ersten Pflanzung ist der Beweis geliefert, welche großartige Zukunft der Plantagenbau am Kamerungebirge haben wird. Die Bimbia-Pflanzung — nicht minder jedoch die zu M'Bamba und Bibundi — können sich ebenbürtig den hervorragenden Kakao-Plantagen auf der paradiesischen Insel St. Thomé zur Seite stellen, welche ich bei einem Besuch der 1000 ha

haltenden Farm Monte Café, die unter der Leitung des deutschen Konsuls, Herrn Spengler steht, Gelegenheit hatte kennen zu lernen. Ich will hierbei bemerken, daß jene Farm Monte Café wohl die größte und schönste Kakaofarm der Welt ist, und daß unser deutscher Landsmann, Herr Konsul Spengler, eben im Begriff steht, am Kamerun-Gebirge eine neue, ähnlich große Kakao- und Kaffeepflanzung zu gründen. Wenn dieser erfahrene, gediegene Pflanzer in Kamerun Pflanzungen anzulegen beabsichtigt, dann dürfte wohl auch kein Praktiker und Geschäftsmann an der Güte des dortigen Bodens und Klimas noch irgendwie zweifeln und das Gedeihen von Unternehmungen am Kamerun-Gebirge für unsicher halten.

Wie der beigefügte Plan der Pflanzung auf Seite 22 erkennen läßt, umfaßt die Bimbia-Farm ohne die Zweigpflanzung M'Bamba bereits 216 ha, wovon 162,5 ha mit Kakao und 8,5 ha mit Kaffee bestanden sind. Sie liegt sehr günstig unmittelbar am Meere und am besten Hafen Kameruns, in welchem noch so tiefe Schiffe zu jeder Zeit nicht weit vom Ufer ankern können. Der Kriegsschiffhafen ist ein altes Kraterbecken, und der Rand der Küste zeigt noch deutlich eine Reihe von kleinen Kraterkesseln, welche dem Hauptkrater angelagert waren oder auch nach seinem Erlöschen entstanden. Die Cyklop-Grotte, welche durch ein offenes, mit einem Boote passierbares Thor mit dem Meere in Verbindung steht, stellt einen solchen, noch wunderbar schön erhaltenen, sehr tiefen Nebenkrater dar und läßt deutlich erkennen, daß sich solche 6 bis 8 an der Zahl an der heutigen Küste früher nebeneinander reihten. Das brandende Meer hat heute überall die an der Meeresseite gelegenen Kraterränder eingerissen, aber ein Blick auf den beigefügten Plan wird genügen, um sie im Geiste zu rekonstruieren.

Die Pflanzung ist mit Gebäuden, Trockenräumen, Wasch- und Gär-Einrichtungen (in Auemühle), sowie einem sehr guten Wegenetz wohl und sehr praktisch ausgerüstet, besitzt eine vorzügliche Feldeisenbahn, so daß sie mit allen Hilfsmitteln der Neuzeit bewirtschaftet wird. Es ist bei der Einrichtung derselben keine Verschwendung getrieben, jedoch auch nirgend an dem was nötig in falscher Weise gespart. Man hat hier einen musterhaften, tadellosen tropischen Betrieb vor sich, welchen näher kennen zu lernen aufrichtiges Vergnügen bereitet. Das ist das allgemeine Urteil nicht nur der flüchtigen Besucher von unseren deutschen Handels- und Kriegsschiffen, sondern auch des kritischen Fachmannes.

— 22 —

Bei der Pflanzung überläßt man jetzt das hängige und flachgründige Terrain dem Kaffee; dem Kakao räumt man den üppigen, tiefgründigen aufgeschwemmten Boden der ebenen Lagen und den tiefen Verwitterungsboden ein. Diese letzteren Bodenarten sind meist tiefbraun gefärbt und von ausgezeichneter chemischer und physikalischer Beschaffenheit. Die Anpflanzung erfolgt beim Kaffee sowohl wie beim Kakao durch Auslegen der Bohnen, nachdem der Urwald während der Regenzeit gefällt und zu Schluß der Trockenzeit niedergebrannt ist. Die Pflanzwelte des Kakaos beträgt auf den neuen Aeckern der

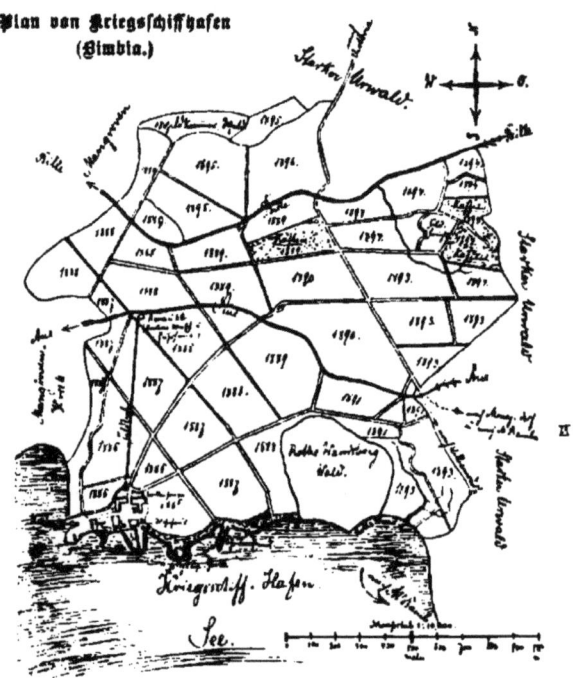

Plan von Kriegsschiffhafen
(Bimbia.)

(Die Jahreszahlen bedeuten die Jahre der Urbarmachung und Anpflanzung.)
Es sind bestanden 1896 mit Kakao . . . . 162.5 ha
„ Kaffee . . . . 8.5 „
„ Garten- und Feldfrüchten . 2.9 „
„ Gebäude- und Hoffläche . . 2.3 „
„ Wege, Feldbahn, Bäche . . . 15.1 „
„ Waldbestand in der Pflanzung . . 25.1 „
Insgesammt . . 216.4 ha
nach Angabe des Leiters der Pflanzung, Herrn Friederici.

Bimbiafarm 4 bis 5 m im Quadrat; früher wählte man 2,44 m (8 englische Fuß) im Quadrat und noch weniger, was entschieden für den üppigen Boden der Bimbiafarm viel zu eng war. Der Kaffee wird je nach der Sorte (ob Liberia-, oder arabischer, oder Ceylon- oder Java-Kaffee) enger gepflanzt, im Mittel etwa 2,0 bis 2,5 m im Quadrat.

Die Aussaat der Kakaobohnen erfolgt entweder im Ausgang der Regenzeit (Oktober, November) oder zu Beginn derselben (im April). Es werden gewöhnlich 3 Bohnen ca. 2 Centimeter tief in ein Loch gelegt und später entfernt man die schwachen Pflanzen und läßt die stärksten stehen. Um die junge Kakaopflanze in den ersten Jahren durch Beschattung vor den sengenden Sonnenstrahlen zu schützen, giebt man den Kulturen eine Deckfrucht, am liebsten die Plantane, auch große Banane, Pferdebanane oder Plante genannt. Außerdem sorgt man für Schutz gegen glühende Sonne und gegen Stürme, indem beim Waldschlag und Waldbrand große, kräftige Urwaldstämme von Axt und Feuer verschont bleiben. Durch eine richtige Schattenspende kann man sehr zu einer gedeihlichen Entwicklung der jungen Kulturen beitragen. Eine junge einjährige Kakao Pflanzung bietet sich zunächst dar als ein buntes Durcheinander von meterhohen, angebrannten Baumstümpfen, modernden Baumstämmen und Aesten, Planten und überragenden stattlichen Palmen nebst kräftigen, stämmigen Urwaldriesen mit breiten belaubten Kronen. Dazwischen sprießen dann im Geviert die jungen Stämmchen des Kakao, welche zu wiederholten Malen im Jahre mit dem Buschmesser, dem sogenannten Cutler, von dem überwuchernden Unkraut und Busch befreit werden müssen. Erst nach mehreren Jahren — weiche Hölzer zerfallen bereits nach 1 bis 2, harte Stämme oft erst nach 8 bis 10 Jahren — ändert sich das anfänglich wirre Bild und dann gewinnen die Kakaobäumchen die Oberhand; sie unterdrücken alsdann Unkraut und Busch, wenngleich auch noch immer der Reinigung bedürftig. Sie gewähren dann den Anblick eines geschlossenen Bestandes, wie ihn die Abbildung Tafel 7 darthut.

Steht die Kultur zu dicht, so wächst sie 3 bis 4 Meter hoch, steht sie lichter und normal, dann wachsen die Bäume mehr in die Breite und erleichtern dadurch die Erntearbeiten. Der Stamm des Kakaobäumchens ist weißgrau und ähnelt in der Farbe dem unserer Birke. Unmittelbar an dem Stamm und den vorjährigen Zweigen sproßt die zarte, weißliche Zwitterblüte an einem schwachen Blütenstengel, aus welcher sich eine birnenartige Frucht entwickelt, die jedoch an beiden Enden etwas gurkenartig ausläuft. Innerhalb der Birne liegen im Fruchtmark die wertvollen Bohnen. Von den vielen Blüten, welche der Kakao-Baum treibt, gelangt kaum der vierte Teil zur Frucht. Die Hauptblütezeit fällt in den März und April; die Frucht-Ernte erfolgt von August bis Dezember; im Januar und Februar findet dann noch eine Nachlese statt.

Man rechnet, daß die Kakao-Pflanzung bereits im vierten Jahre Ertrag liefert und daß im sechsten Jahre die Vollentwicklung beginnt. Der Kaffee liefert schon im dritten Jahre eine Ernte und hat sich im fünften Jahre bereits vollkräftig entwickelt. Auf dem üppigen Boden der Bimbiafarm setzt er jedoch trotz verschwenderischer Blüte in der Ebene nur taube Frucht an und kann dort nur auf dem bergigen, flachen Verwitterungsboden inmitten der Basaltgesteine und Lavabrocken mit Erfolg kultiviert werden.

Kräftige Kakao-Stämme tragen in Bimbia bis zu 50 und 60 Früchte im Jahre; im Mittel kann man jedoch nicht mehr als 15 bis höchstens 20 Birnen pro Stamm rechnen, von denen eine jede 39 bis 42 Bohnen zu enthalten pflegt, so daß ein Bäumchen rund 600 bis höchstens 800 Bohnen im Mittel liefert. Die Bohnen sind in der Birne ähnlich angeordnet wie die Maiskörner im Maiskolben, aber eine jede Bohne ist an der Achse flach gestielt und umgeben von einem süßsäuerlichen Fruchtmark, um welches sich eine feste Schale schließt.

Das Pflücken der Frucht geschieht unter möglichster Schonung des Stengels der Birne, weil an diesen gern die neuen Blüten ansetzen. Sodann wird die Frucht aufgebrochen, die Bohnen werden mit zwei Fingern vom Mark befreit und in eine saubere Holzkiste (ohne Eisenbeschlag) gesammelt. Darauf gelangen sie in das Gärungshaus und werden in Haufen, lose bedeckt mit Segeltuch, einer 60 stündigen Gärung unterworfen, bei welcher am ersten Tage eine Temperatur von 38° C., am zweiten eine solche von 37—38° und am dritten von höchstens 42° innezuhalten ist — was durch Lüften des Tuches kontrolliert werden kann —, damit der Kakao nicht zu dunkel brennt. Während der Gärung geht die violette Naturfarbe des Innern der Bohne in die chokoladenbraune Färbung über. Nach vollendeter Gärung werden die Bohnen auf der Bimbia-Pflanzung mit Händen gewaschen und schließlich durch einen kalten Wasserstrahl von dem anhaftenden schleimigen Fruchtmark gereinigt.

Tafel 6. **Blühender Kaffeestrauch im botanischen Versuchsgarten zu Viktoria.**
Autotypie nach einer von Prof. Wohltmann an Ort und Stelle aufgenommenen Photographie.

Tafel 7. **Eine Kakao-Pflanzung in Bibundi.**
einer von Prof. Wohltmann an Ort und Stelle aufgenommenen Photographie.

LIBRARY

Auf der Bibundi-Pflanzung werden die Bohnen auf der Tenne durch Austreten gesäubert. Darauf beginnt die Trocknung, bei sonnigem Wetter auf großen Tischen in der freien Luft, bei nassem durch künstliche Wärme in den Trockenräumen, die so eingerichtet sind, daß sie auch die großen Tische, welche auf Schienen laufend gebaut sind, aufnehmen können. Außerdem sind Mayfarth'sche Darröfen vorhanden, in denen man bei 50—55° C. den Rest der Feuchtigkeit entfernen kann. Ueber 70° C. in denselben zu gehen, empfiehlt sich nicht, da alsdann der Kakao leicht einen brennerigen Geruch und Geschmack annimmt. Die beste und billigste Trockenmethode bleibt jedoch immer die Sonne, wenngleich auch die Mayfarth'schen Darren gute und schnelle Arbeit liefern.

Wenn die Bohne getrocknet ist, ist sie versandfähig für Europa; sie hat dann jedoch noch eine weißlich-gelbe Hülle, von welcher sie erst in Europa befreit wird. Der unenthülste Kakao kostet zur Zeit in Europa ca. 45—50 Pfg. das Pfund. Die Bimbia-Pflanzung produziert bereits jetzt 1896 rund 2000 Ctr. Wenn sich alle Kulturen in voller Tragfähigkeit befinden, d. h. also, wenn die Pflanzungen aus den Jahren 1891—95 neben denen, welche 1886—90 angelegt wurden, voll produzieren, dann wird sich der Ertrag fast verdoppeln und es wird auf eine jährliche Roheinnahme von gegen 180 000 M. allein aus dem Kakao sicher zu rechnen sein. Dem gegenüber stehen die Betriebskosten auf der Pflanzung von alljährlich rund 70 000 M. Man wird also rechnen können, daß von dem Jahre 1899 oder 1900 ab der Gewinn aus dem jetzt bebauten Areal etwa 120 000 M. ausmachen wird. Diese Summe repräsentiert: Verzinsung des Kapitals, Amortisation, Unternehmer- und Reingewinn auf rund 190 ha benutztem Feld, das sind rund 630 M. für 1 ha. Da aber die Gebäude und die ganze Einrichtung der Pflanzung auf einen größeren Betrieb eingerichtet sind und dieser auch geplant ist, so wird sich der Reingewinn noch erheblich höher gestalten, und es geht daher die Pflanzung, die Jahrzehnte lang auf Raubbau wirtschaften kann, einer sicheren Zukunft entgegen.

An Arbeitskräften werden eben nur 158 Leute (Neger) gehalten; von diesen sind:

     67 aus dem südl. Teile von Kamerun,
     86 Kru- und Palmas-Leute aus Liberia
     und 5 Handwerker aus Akkra,
in Summa 158.

Diese Zahl reicht augenblicklich aus auf den 190 ha; bei einer Vergrößerung der Pflanzung wäre sie nicht genügend. Man rechnet in den Kakao-Plantagen auf St. Thomé für 1 ha einen Arbeitsmann, wenn Feldbahn und sonstige Transporterleichterungen fehlen. Wo diese vorhanden sind, genügen bereits drei Schwarze auf 4 ha. In Kriegsschiffhafen sind neben der Feldbahn noch zwei Madeira-Ochsen für den Transport vorhanden, welche sich bewähren. Und da auch die Wasserverhältnisse sehr günstig auf der Pflanzung zu nennen sind (Bäche und sehr guter Brunnen am Wirtschaftshofe), so würde die Arbeiterzahl für den jetzigen Umfang der Anlage genügen.

Die schwarzen Arbeiter werden von auswärts, insbesondere von der liberianischen Küste (Monrovia, Bassa und Kap Palmas) auf gewöhnlich ein Jahr angeworben. Die einheimischen Neger, welche nahe der Pflanzung wohnen, sind bis jetzt wenig zu regelmäßiger Arbeitsleistung geneigt und versagen zu oft, als daß man mit ihnen schon fest rechnen könnte. Man wird aber doch in der Zukunft darauf bedacht sein müssen, im Kamerun-Gebiete selbst Stämme zur Arbeit zu ziehen. Die Erfahrungen, welche in dieser Beziehung bereits mit den Mabäern und Balis gemacht sind, berechtigen zu großen Hoffnungen; und ich habe ferner die Ueberzeugung gewonnen, daß sehr viele Volksstämme am Kamerun-Gebirge von gutmütigem, arbeitsamem Charakter sind. Es ist daher schon im Interesse der Entwicklung der Kolonie wünschenswert, daß alle diese Stämme zur Arbeit angehalten werden, was natürlich zur Folge haben würde, daß der ihnen gezahlte Lohn dem Güter-Import, d. h. dem Handel wieder zu Gute kommt. Also bleibt das Geld in der Kolonie und der Neger wird bedürfnisvoller und empfängt Kultur.

Es wird aber auch nachgerade immer schwieriger und kostspieliger, Arbeitskräfte von auswärts nach Kamerun zu schaffen. An der ganzen westafrikanischen Küste reflektirt man auf die eingeborenen Stämme Liberias, auf die Sierra-Leone und Akkra-Leute für die Arbeit. Infolge dieser starken Nachfrage sind die Löhne bereits erheblich gestiegen. Man zahlt neben freier Kost und freier Passage dem gewöhnlichen schwarzen Arbeiter je nach seinem Alter 10—18 M. pro Monat, freilich in Gütern, an denen noch verdient wird. Die Akkra-Handwerker erhalten bis zu 30 Mark und mehr baren Lohn. Dazu kommen dann noch die nicht unbeträchtlichen Anwerbekosten, die Kasernierungskosten, das Lazareth ꝛc., sodaß man rechnen kann, daß der Tagelohn für einen vollwüchsigen schwarzen Arbeiter in Summa und im Mittel auf 1 M. sich beläuft. Das ist gegenüber anderen Kolonien und bei der allgemeinen Ungeschicklichkeit und dem Stumpfsinn der afrikanischen Neger reichlich, ja fast zu viel! Es ist daher dringend erwünscht, daß auch seitens der Regierung in Kamerun die Frage der Beschaffung billiger Arbeitskräfte im eigenen Lande ernstlich bedacht wird. Durch die Verbindungen des verdienstvollen Dr. Zintgraff erhofft man jetzt insbesondere die Bali-Stämme, welche nördlich vom Kamerun Gebirge sitzen und einen gesunden, kräftigen und intelligenten Volksstamm bilden, für die Arbeit an der Küste zu gewinnen. Ich hatte selbst auf meiner Umgehung des Kamerun-Gebirges Gelegenheit, Leute dieses Stammes wertschätzen zu lernen und halte sie für sehr geeignet für Plantagenbau. — Ich möchte hier nicht unerwähnt lassen, daß im Garten von Kriegsschiffhafen auch eine große Anzahl deutscher Gemüse-Arten ein sehr gedeihliches Fortkommen findet, was für die Ernährung der Weißen sehr wertvoll ist. Radieschen, Rettig, Möhren, Zwiebeln, Karotten, Gurken, Sellerie, Suppenkraut, Salat, Endivien gedeihen ausgezeichnet; auch Madeira-Kartoffeln werden schmackhaft, wenn sie Ende August ausgepflanzt werden. Kohl ist nicht zu kultivieren, da die Raupen ihn stets zerstören.

An Feldfrüchten werden für die Ernährung der Schwarzen sowohl als zur Fütterung des Viehs vornehmlich kultiviert: Mais, Reis, Plantanen und Bananen. Daß im übrigen noch viele echt tropische Früchte, wie Ananas, Mango-Pflaume ꝛc. ꝛc. auf der Bimbia-Farm vorzüglich gedeihen, bedarf wohl kaum der Erwähnung. Für den Export ist jedoch Kakao die Hauptfrucht; der Kaffee dient nur als Lückenbüßer an steilen Hängen und auf felsigem Terrain.

Die Bimbia-Pflanzung hat dann in etwa 2 Stunden Entfernung von Kriegsschiffhafen, jenseits eines ca. 250 m hohen Bergrückens eine Zweig-Pflanzung angelegt in M'Bamba; dieselbe liegt gleichfalls sehr günstig am Meere. Sie wird von Herrn Rehbein verwaltet, ist 1889 begründet und besteht zur Zeit aus 50 ha Kakao, 5 ha liberianischem Kaffee (an den steilen Hängen) und 5 ha Kuhweide. Man plant eine Vergrößerung auf dem sehr fruchtbaren Terrain von Difullu.

3. **Die Bibundi-Pflanzung**, der Kamerun-Tabakbau-Gesellschaft gehörig, ist auf der Westseite des Kamerungebirges am Fuße desselben gelegen, auf flachem, schwachhügeligem Terrain, unmittelbar an dem Meere. Der Boden derselben ist von ganz hervorragender Güte; er besteht aus verwitterter Basalt-Lava und ist obendrein sehr humusreich. Die früher aufgeführte chemische Analyse läßt erkennen, daß

es wohl einige Mühe machen wird, irgendwo auf dem Erdball einen Boden besserer Bonität aufzufinden. Die Regenmengen sind jedoch hier reichlicher als in Victoria und Kriegsschiffhafen, und selbst die Trockenmonate sind hier nicht frei von Niederschlägen. Es fielen nach den Messungen des Herrn Matzat in den letzten verhältnismäßig trockenen Wintermonaten:

    im November 1895 357 mm in 19 Tagen
    „ Dezember „ 30,5 „ „ 6 „
    „ Januar 1896 47,5 „ „ 5 „
    „ Februar „ 22,5 „ „ 3 „
    „ März „ 84,8 „ „ 17 „

Anfänglich war Bibundi für Tabakbau bestimmt. Derselbe wird auch jetzt noch betrieben und zwar in den ersten beiden Jahren auf den neu urbar gemachten Feldern, um diese nach Möglichkeit zu reinigen. Der Bibundi-Tabak liefert ein ausgezeichnetes zartes Deckblatt und ist vom Geschmack des Sumatra-Tabaks. Seinem Anbau steht nichts entgegen. Es hat sich jedoch herausgestellt, daß gerade der Kakao in Bibundi ganz hervorragend trägt, eine vorzügliche Qualität besitzt und höhere Rente als der Tabak liefert. Daher bevorzugt man neuerdings mehr die Kakao-Kultur. Bibundi wurde 1887 von Hamburger Kaufleuten, den Herren Jantzen, Thormählen, und Dollmann in Verbindung mit einigen anderen Herren gegründet und umfaßt heute 125 ha mit 71600 Kakao-Bäumen. Als Zweig-Pflanzungen gehören zu Bibundi weiter südlich gleichfalls an der Küste und am Gebirge gelegen: Jsongo mit 8 ha und Molunbange (unweit Victoria) mit 4 ha Kakao, welche demnächst ihrer Erweiterung entgegensehen.

Der Leiter dieser Pflanzungen ist Herr Rackow; ihm sind 3 weiße Hilfskräfte zur Hand. Die Wirtschaft hat Feldbahn und gegen 200 schwarze Arbeiter und Handwerker (57 Balolo-Leute aus Südkamerun, 21 Dahomey-Weiber, 92 Kap Palmas-Leute, 5 Haussa- und 5 Akkra-Männer). Alljährlich werden große neue Flächen dem Anbau unterworfen und man beabsichtigt eine Ausdehnung der Bibundi-Pflanzung bis zu 2000 ha, die sämtlich gleich günstig nahe dem Meere und flach gelegen sind.

Es bereitet hier die Kultivierung neuer Flächen zunächst weniger Schwierigkeiten als in Bimbia, weil der Urwald hier schon in früherer Zeit von den Eingeborenen niedergeschlagen worden ist und an seiner Stelle nun das hohe sogenannte Elefantengras wächst. Die Ein-

geborenen haben hier fruchtbare Anſiedelungen gehabt, ſind dann aus-
geſtorben oder vertrieben und das Land verwilderte wieder. So
bequem es nun auch eben iſt, ſtatt des Urwaldes das etwa 2 bis 4 m
hohe Elefantengras niederzuſicheln, ſo ſchwer iſt es nachher die jungen
Kulturen von dem zumal bei den reichen Niederſchlägen üppig
wuchernden Graſe reinzuhalten. Erſt wenn die Kakaokulturen ein Alter

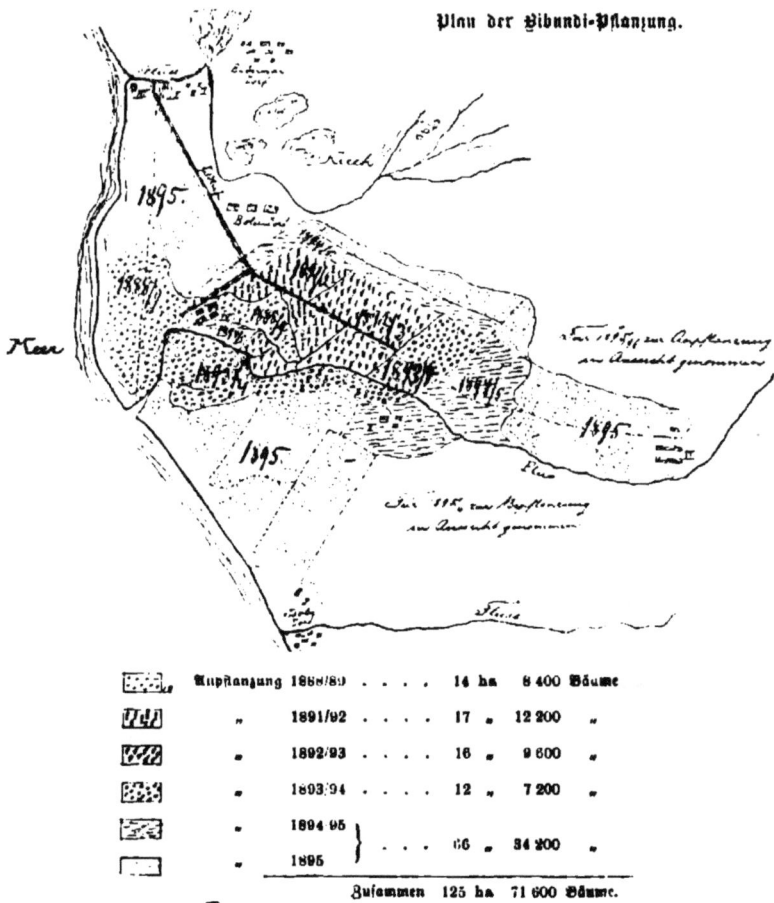

Plan der Bibundi-Pflanzung.

	Anpflanzung 1888/89	14 ha	8 400 Bäume
	„ 1891/92	17 „	12 200 „
	„ 1892/93	16 „	9 600 „
	„ 1893/94	12 „	7 200 „
	„ 1894 95 }		
	„ 1895 } . . .	66 „	34 200 „
—·—·— Wege.	Zuſammen	125 ha	71 600 Bäume.

von 3 bis 4 Jahren erreicht haben, vermögen sie das Gras zu bemeistern, und erst dann erhalten die Felder jenen sauberen und reinen Boden, durch welchen sich die Kulturen in Bimbia schon in den ersten Jahren auszeichnen. Das hohe Gras bietet jedoch auch den Vorteil der Beschattung der jungen Kakao-Pflanze und diese gedeiht vortrefflich unter ihm, wenn nur rings um das Stämmchen der Boden stets gesäubert wird. Diese Zustände sind auch der Grund, weshalb Herr Rackow den Kakao nicht aussäen kann, sondern die Stämmchen in Beeten zieht und dann auspflanzt. Im übrigen sind Betriebsart und Verhältnisse nahezu die gleichen wie auf der Bimbia-Pflanzung. Ueber die Entwicklung dieser Pflanzung giebt der beigefügte Plan und Tafel 7 nähere Auskunft. Man rechnet in diesem Jahre auf eine Kakao-Ernte von 750 Sack (zu 50 kg) von 32 ha, welche 1888/89 und 1891/92 bepflanzt wurden.

4. **Dibundja** am Kap gleichen Namens, etwas südlich von Bibundi gelegen, ist im März 1889 gegründet. Die Pflanzung gehört deutschen Beamten in Kamerun, den Herren von Oertzen und Geiger in Verbindung mit Herrn Linell, einem Schweden, welch' letzterer sie leitet. 37 ha sind bereits mit Kakao bepflanzt und 8 lagen in frisch gerodetem Urwaldschlage und harrten des Anbaues. Die Entwicklung der Pflanzung schreitet langsam, aber stetig fort.

Die staatlichen Anstalten.

Seitens der Kaiserlichen Regierung sind seit Anfang der 90er Jahre im nördlichen Kamerungebiete sehr bedeutungsvolle und dankenswerte Einrichtungen getroffen, um die landwirtschaftlichen Interessen der Kolonie zu fördern. Die wichtigste derselben ist:

1. Der botanische Versuchsgarten zu Victoria.

Victoria (siehe Tafel 2) ist am Fuße des Kamerunberges unmittelbar an einer Meeresbucht gelegen, die den größten Schiffen jederzeit zugänglich ist und einen guten Ankerplatz bietet, auch zu einem guten Hafen eingerichtet werden kann. Von dem Regierungssitze und dem Hauptplatze der Kolonie, dem Orte Kamerun, welcher, an dem Zusammenfluß der Kamerunflüsse gelegen, nur bei Flut von den größeren Schiffen angelaufen werden kann, ist Victoria in etwa 4 stündiger Dampfschiffahrt zu erreichen. Die Lage Victorias zum Gebirge ist insofern sehr günstig, als sich hier durch das Limbi-Thal der bequemste Aufstieg ins Gebirge und über Buëa auf den höchsten Gipfel des Gebirges, den großen Kamerunberg mit 4000 m Höhe befindet. Victoria liegt also sehr günstig, recht in der Mitte der plantagenwirtschaftlichen Bestrebungen und es steht zu erwarten, daß sich hier dermaleinst ein reges Verkehrsleben abspielen wird, sobald neue Plantagen begründet werden. Die Regierung hat also eine sehr glückliche Wahl getroffen, als sie den botanischen Versuchsgarten in Victoria anlegte. Die landschaftliche Schönheit des Ortes ist obendrein entzückend, und die Üppigkeit des Victoria-Bodens trägt ferner dazu bei, die Zukunft dieser Anlage für immer zu sichern. Wenn sich dieselbe bereits heute in blühendem Zustande befindet und trotz der Kürze der Zeit ihres Bestehens eine staunenswerte Reichhaltigkeit von Arten und Sorten der Kulturpflanzen aufweist, so ist das vornehmlich das Verdienst des jetzigen Direktors des Gartens, Herrn Dr. Preuß, welcher mit großer Umsicht und unermüdlichem Fleiße den Garten eingerichtet hat und leitet. Aber auch der jetzige Gouverneur Kameruns, Herr von Puttkammer, ist der eifrigste Förderer der Anlage.

Der Garten umfaßt heute bereits ein angebautes Areal von 27 ha; weitere 27 ha, jetzt noch mit Urwald bestanden, stehen ihm zur Verfügung, sodaß er sich also großartig entfalten kann. Es liegt im Sinne, ihn nach der Art des berühmten botanischen und Versuchsgartens zu Buitenzorg auf Java zu gestalten und es wäre zu wünschen, daß er baldigst mit einem agrikultur-chemischen Laboratorium ausgerüstet wird, und daß er auch eine Lehrstätte für angehende Pflanzer abgiebt. Die bisherige Entwicklung, welche diese Anlage genommen und die Sorgfalt, mit der sie die Regierung in den letzten Jahren gefördert hat, läßt das Beste bereits für die nächste Zukunft hoffen.

Wir finden im Garten die höchste Sauberkeit und Sorgfalt walten. Die Wege sind mit großem Verständnis angelegt, mit besonderer Berücksichtigung auch der landschaftlichen Schönheiten dieses herrlichen Fleckes Erde. Um die Reichhaltigkeit der angebauten, zum größten Teile von auswärts eingeführten Kulturpflanzen darzuthun, mag es genügen, folgendes namhaft zu machen:

Von Kakaosorten sind folgende 13 vertreten: Victoria- und St. Thomé-Kakao; aus Trinidad Forastero- und Criollo-Kakao, aus Südamerika die Sorten: Sokonusko, Venezuela, Guayaquil, Caracas, Surinam, Maracaibo und La Guayra. Ferner ist von Lagos und Ceylon Samen bezogen und angebaut.

An Kaffee gedeiht sowohl der blue mountains-Kaffee von Jamaika, der Maragopipe wie auch der arabische sehr gut. Für den Liberia-Kaffee scheint der Boden zu üppig zu sein. Er wächst zu sehr ins Holz und leidet unter Befall. Daß das Kamerungebirge sich auch für Kaffee-Anbau vorzüglich eignet, geht unter anderem daraus hervor, daß sich im Gebirge 2 wilde Kaffeesorten befinden, welche im botanischen Garten zu Victoria jetzt veredelt werden sollen. Der Kaffee findet hier also von Natur alles vor, was seine Entwicklung begünstigt, sonst würde er nicht wild gedeihen. Was ich an der Ostseite des Gebirges an wildem Kaffee angetroffen habe, bildete zwar nur kleine Sträucher, sah jedoch recht kräftig aus und besaß einen stark aromatischen Geschmack.

Kultiviert werden ferner verschiedene Sorten von Gummi- und Kautschukpflanzen, von denen einige im Kamerungebirge gleichfalls wild vorkommen.

Leider sind die Gummi liefernden Pflanzen, welche namentlich auf der West- und Nordseite des Gebirges früher reichlich vorkamen, durch die wüste Art ihrer Nutzung vielfach zu Grunde gerichtet, sodaß der Gummi-Export in der letzten Zeit in Kamerun sehr zurückgegangen ist.

Daß im übrigen auch Vanille, Kardamom, Zimmt, Ingwer ꝛc., sowie die Südfrüchte in mehr oder minder großer Sortenzahl vertreten sind, bedarf kaum noch der Erwähnung. Schon jetzt bietet der botanische Versuchsgarten ein ausgiebiges Feld für das Studium und stellt eine Pflanzstätte aller Arten tropischer Gewächse dar, welche von ihm aus über das ganze Kamerungebirge je nach Bedarf verbreitet werden können. Er ist ferner eine Musterstätte für Anbau und Zubereitung der Produkte und eine Versuchsanstalt, welche Auskunft darüber giebt, welche Kulturen am Kamerungebirge zu bevorzugen sind.[*]

2. Die landwirtschaftliche Station Buëa

liegt auf der Süd-Süd-Ostseite des Gebirges, 970 m über dem Meere und ist von Victoria in etwa 7stündigem Marsche zu erreichen. Sie soll vornehmlich den Interessen der Viehzucht dienen, welche in Kamerun bis jetzt sehr im Argen liegt und welche dort dringend der Förderung bedarf, um die Konservennahrung einzuschränken, und um gesundes frisches Fleisch sowie Milch und Molkerei-Produkte jederzeit zur Verfügung zu haben. In den kräftigen Kamerun-Schafen und den Ziegen und kleinen Rindern des Gebirges, siehe Tafel 9—11, ist hier von

---

[*] Die beigegebenen Abbildungen von Bananen-, Kaffee-, Vanille- und sonstigen Anpflanzungen gewähren einen Einblick in die Schönheit des botanischen Versuchsgartens zu Viktoria.

Tafel 8. Die neue Garombi-Station im Urwaldschlage.
(In der Mitte des Bildes Prof. Dr. Wohltmann.)
Autotypie nach einer von Prof. Wohltmann an Ort und Stelle aufgenommenen Photographie.

THE
JN CRERAR
LIBRARY

Tafel 9. Das eingeborene Kamerun-Schaf, Bok. Zuchttier der Station Buea, 970 m hoch gelegen.
Autotypie nach einer von Prof. Wohltmann an Ort und Stelle aufgenommenen Photographie.

THE
JOHN CRERAR
LIBRARY

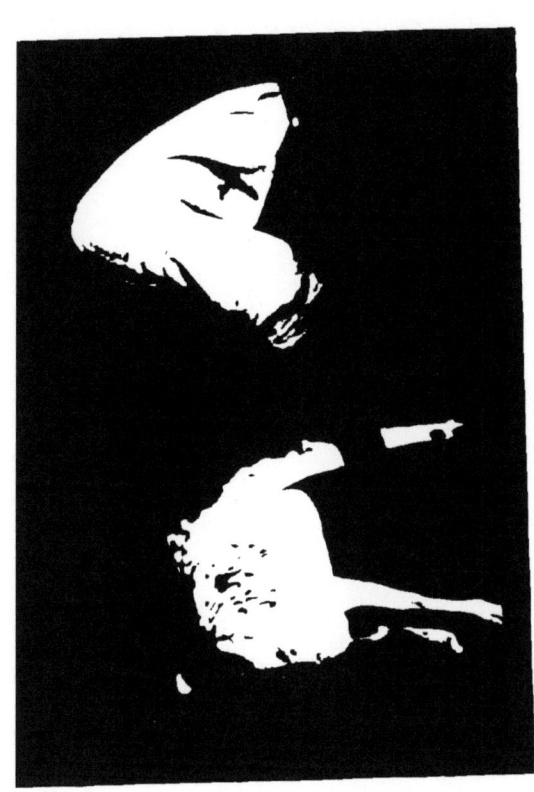

Tafel 10. **Das eingeborene Kamerun-Schaf.** Zuchttier der Station Buëa, 970 m hoch gelegen.
Autotypie nach einer von Prof. Wohltmann an Ort und Stelle aufgenommenen Photographie.

THE
JOHN CRERAR
LIBRARY

Natur für Material zur Züchtung gesorgt und Buëa mit seinem etwas kühleren Klima und feuchten Nebeln scheint eine gute Grundlage für die Viehzucht zu bieten. Außerdem werden hier auch europäische Gemüse- und Gartenfrüchte versucht und gedeihen vortrefflich. Die Kartoffeln, welche man hier bereits zieht, haben einen sehr guten Geschmack. — Schließlich plant man in Buëa neben der landwirtschaftlichen Station ein Sanatorium zu errichten, in welchem der Erholung bedürftige Weiße Ruhe und Kräftigung der Gesundheit finden sollen. Man ist eben dabei, einen breiten Weg nach oben auszubauen. Die günstige Lage Buëas zu Victoria und die freie Lage am Gebirge mit dem herrlichen Ausblick bis über das Kamerun-Delta hinaus lassen eine gute Entwicklung dieses Ortes hoffen. Zur Zeit befinden sich dort oben nur der Stationsvorsteher, Herr Leuschner, mit einer weißen Hilfe und ein Missionar-Paar. Die Anlage wird erst seit einem Jahre gegründet und ist noch im Bau begriffen.

8. Die landwirtschaftliche Station Johann-Albrecht-Höhe

am Elefanten-See. Diese Anlage, auch Barombi-Station genannt, ist gleichfalls neu. Sie liegt auf der Nordseite des Kamerungebirges, also weit von Kamerun entfernt und mitten im Urwalde. Nicht weit von der neu gegründeten Station war früher, Ende der 80er Jahre, eine solche von Herrn Dr. Zintgraff gegründet, welche jedoch in Verfall geriet, als der Zintgraff'sche Plan, mit den Hintervölkern des Kamerungebirges Fühlung zu bekommen, vernachlässigt wurde. Neuerdings wird dieser Plan wieder mehr gewürdigt und Herr Dr. Zintgraff befindet sich soeben wiederum auf dem Marsche ins nördliche Kamerungebiet zu den Bali-Völkern.

Die Station liegt hoch oben auf dem Rande eines ehemaligen vulkanischen Kraters, welcher heute vom See ausgefüllt wird, der in Form und Größe dem Laacher See sehr ähnelt. Ihre Lage ist gesund, 380 m über dem Meere und ca. 80 m über dem Spiegel des Elefantensees. Während der Kraterrand nach dem See zu steil, geradezu senkrecht, abfällt, ist sein Gefälle nach auswärts weniger steil und mit einem Stufenbau als Aufstieg zu überwinden. Am Kraterrande, nach Süden zu hat man nun die Waldrodung begonnen, von welcher wir in Tafel 8 eine Abbildung geben und man beabsichtigt Kaffee in größerem Umfange anzubauen. Es soll hier ferner die Viehzucht intensiv betrieben werden und man will das Kamerunrind für die Gewinnung von Molkereiprodukten heranbilden. Bis jetzt ist das Melken der Kühe im Kamerungebiete noch unbekannt. Die Aufgabe, welche dem Leiter der Station, Herrn Conrad, gestellt ist, ist keine leichte; seine Erfahrungen und Energie werden jedoch die Schwierigkeiten überwinden helfen, welche vor allem auch in der Abgelegenheit und weiten Entfernung von Kamerun bestehen. Es ist jedoch seitens Privater die Absicht, zwischen Johann-Albrecht-Höhe und Munbame, der obersten Faktorei am Mungoflusse, Kaffeepflanzungen auf dem sehr fruchtbaren Basaltplateau in ca. 180—200 m Meereshöhe anzulegen, wodurch dann jene Gegend schnell der Kultur zugänglich gemacht würde.

Auf der Heimreise, Madeira, den 22. April 1896.

III. Die Zukunft Kameruns.

Das reiche Interesse, welches man in den letzten Jahren vor allem unserer ostafrikanischen Kolonie zuwandte, brachte es mit sich, daß Kamerun wenig beachtet wurde, wenngleich auch die Statistik alljährlich einen recht bedeutenden Export (etwa 4—5 000 000 Mark) und Import nachwies und obgleich die Zahl der im Kamerungebiete lebenden Europäer keine geringe zu nennen war (etwa 200). Es befinden sich im nördlichen Kamerungebiete jetzt zehn Niederlassungen der Weißen und im südlichen die gleiche Anzahl; davon sind nicht weniger als acht landwirtschaftliche Anlagen und Forschungsstationen.

Von den etwa 140 Deutschen, welche im Schutzgebiete leben, sind zur Zeit allein 17 auf den aufgeführten Stationen und Plantagen beschäftigt. Das ist in der That eine schon beachtenswerte Anzahl! — Wie ich früher andeutete, ist der Handel zur Zeit im Kamerungebiete in Stagnation oder gar im Rückgang begriffen. Die Gummi-Gewinnung ist erheblich zurückgegangen, der Elfenbeinhandel hat gleichfalls seine reichsten Tage hinter sich und nur Palmkerne, Palmöl und Ebenholz haben noch ihre frühere Bedeutung erhalten und werden dieses auch in Zukunft thun. Wenn aber nicht andere Export-Artikel für die aufgeführten Ausfälle eintreten, dann wird die Kolonie zurückgehen. Ein kleiner Fortschritt des Handels kann zwar noch erzielt werden, wenn das Hinterland in geeigneter Weise aufgeschlossen und durch Verkehrswege mit der Küste verbunden wird, ehe die Engländer und

Franzosen alle Produkte über die Grenze in ihren Bereich abgelenkt haben; aber das kostet viel Geschick, Energie und Geld, woran es uns in unseren Kolonien nur zu oft fehlt, und obendrein auch Zeit. Viel schneller und sicherer kommen wir zur Hebung Kameruns, wenn der Plantagenbau am Gebirge auf's Eifrigste gefördert wird. **Im Plantagenbau liegt die Zukunft Kameruns.**

Daß er daselbst die günstigsten natürlichen Bedingungen besitzt oder vorfindet, habe ich erörtert; es fragt sich nun weiter:

1. **Welche Flächen liegen in Kamerun für den Plantagenbau vor, d. h. welche Ausdehnung steht ihm offen?**
2. **Ist Deutschland kapitalkräftig genug, seine Kolonien durch Plantagen-Anlagen auszunutzen?**
3. **Sind genügend Kräfte in Deutschland für einen umfangreichen Plantagenbau vorhanden oder sonstwie zu beschaffen?**

1. Der Hauptzweck meiner Reise nach Kamerun, das ich bereits durch einen Besuch im Winter 1888/9 kennen gelernt hatte und von dessen natürlicher Güte des Klimas und Bodens ich mich fortwährend durch Studien und Bodenuntersuchungen überzeugt hatte, war festzustellen: wieviel plantagenfähiger Boden liegt am Kamerungebirge vor und wo und wie sind die günstigsten Ländereien zunächst in Angriff zu nehmen?

Ich habe nun in 3wöchentlicher Expedition das ganze Kamerungebirge an seinem unteren Rande und an einer Stelle bis 1000 m Höhe untersucht und das Ergebnis dieser Expedition ist ein günstiges. Auf der West- und Südseite des Gebirges liegen noch Tausende von Hektaren in günstigster Verkehrslage nahe dem Meere zu bebauen. Auf der Südostseite erstreckt sich in höherer Lage von Sopo bis Elona eins der herrlichsten Gebirgsplateaus in etwa 700 bis 350 m Meereshöhe hinab, das sich für alle Arten tropischer Gewächse eignet und auch ein dem Europäer sehr zusagendes Klima bietet. Ich habe mich, als ich es durchwanderte, kaum satt sehen können an der üppigen Vegetation und an dem blühenden Zustande der Felder der Eingeborenen, welche dieses Gebiet dicht bevölkert haben und meines Erachtens auch tüchtige Arbeiter abgeben werden. Im allgemeinen bildet im Osten der Mungo die Grenze des Basaltbodens. Es greift freilich auf seinem rechten Ufer noch der eigentliche Lateritboden (Verwitterung von Gneis und Granit), welcher bekanntlich Centralafrika geologisch charakterisiert, unterhalb und oberhalb Mundame in die Ausläufer des Basaltgebirges ein. Dafür befinden sich jedoch auf der linken Mungoseite bis hinüber an den Wuri vereinzelte kleine Basaltplateaus, die von lokalen Eruptionen herrühren, und im Nordosten des Kamerungebirges liegen die angeblich basaltischen Bakossi-Berge, deren Fruchtbarkeit von Missionaren als ganz hervorragend bezeichnet wird. Ueberall wo Basaltboden in leidlicher Tiefe vorliegt, ist das Land üppig, und es ist sehr lehrreich, daß dort, wo Laterit- und Basaltboden mit einander abwechseln, die Eingeborenen den letzteren für ihre Felder gewählt haben; der erstere, welcher trockner ist, dient dagegen regelmäßig der Dorfanlage.

Auf der Ostseite der Gebirge bilden Flüsse wie Abo, Wuri und Mungo befahrbare Ströme. Während der Regenzeit können sogar kleine Dampfer ziemlich hoch aufwärts gelangen, sodaß diese Flüsse als gute Verkehrswege zu betrachten sind, zumal, wenn die vorhandenen Hindernisse wie Felsen und alte Baumstämme beseitigt werden. Im Norden des Gebirges, wo Gneis- und Granit-Verwitterung sich in größeren Flächen ausbreitet und der Basaltboden zurücktritt, die Thäler beschwerlicher sind und die Flüsse ein starkes Gefälle besitzen, ist die Anlage von Plantagen nicht eher möglich, ehe nicht für gute Verkehrsverbindung Sorge getragen ist. Es liegt jedoch zur Zeit soviel bequem zu erreichendes und üppiges Land vor, daß es Jahre währen wird, bis es sämtlich vergeben ist. Eine Schätzung der Größe der fruchtbaren Ländereien ist natürlich ohne eingehende Bereisung des ganzen Gebietes kaum möglich, ich glaube jedoch keineswegs zu hoch zu greifen, wenn ich mindestens 12—15000 ha am Rande des Gebirges und zwischen Mungo und Wuri gelegen für ohne weiteres kulturfähig und bequem gelegen aufführe Somit ist also hier der Kolonisation ein weiter Spielraum geboten, und die Zukunft wird höchstwahrscheinlich lehren, daß im Kamerungebiete noch anderweitig fruchtbares Land in sehr großer Ausdehnung zu finden ist, sobald man sich die Mühe nimmt, das Hinterland durch wissenschaftlich gebildete Männer erforschen zu lassen. Es ist in der That sehr bedauerlich und kaum begreiflich, daß nicht schon längst eine landwirtschaftliche und geologische Expedition ausgesandt worden ist, welcher diese Aufgabe gestellt wurde. Kamerun liegt doch der Schiffahrt weit bequemer als Ostafrika, und für die Erforschung des letzteren sind bereits Tausende geopfert, während Kamerun, ausgenommen ein schmaler Küstensaum, in seinem Innern wissenschaftlich noch geradezu eine terra incognita ist!

Tafel 11. Das eingeborene Hamerun-Rind. Ausgewachsene Kuh, 3 bis 4 Jahre alt.
Autotypie nach einer von Prof. Wohltmann an Ort und Stelle aufgenommenen Photographie.

THE
JOHN CRERAR
LIBRARY

Tafel 12. Der Kamerun-Berg, 4000 m hoch, gesehen von der Höhe von Copo, 700 m hoch.

Autotypie nach einer von Prof. Wohltmann an Ort und Stelle aufgenommenen Photographie.

THE
JOHN CRERAR
LIBRARY

2. Die zweite Frage war: Ist Deutschland bereits kapitalkräftig genug, um seine Kolonien durch Plantagenbau auszunützen?

In seinem großartigen Werke: De la Colonisation chez les peuples modernes, das in Deutschland nicht warm genug der allgemeinen Lektüre und insbesondere unseren Kolonial-Freunden sowie Feinden empfohlen werden kann, sagt Paul Leroy Beaulieu (4. Auflage, 1891, Paris), daß ein Land sich nur dann auf Koloniengründung einlassen darf, wenn genügendes Kapital im Lande dafür frei ist. Ist das jedoch der Fall, dann ist es heute die Aufgabe eines jeden modernen Kulturstaates, Kolonisation zu betreiben, wenn es nicht der Unthätigkeit und dem Marasmus verfallen will. Für das kapitalreiche Frankreich gab es nach seiner Ansicht nach 1870/71 nur die eine Losung der „afrikanischen Kolonisation", um sich auf der Höhe der europäischen Situation zu halten und nicht zu einer Macht zweiten oder dritten Ranges herabzusinken. Auch für Deutschland ist nach ihm die Kolonisation nachgerade zur Notwendigkeit geworden, nur herrschen über dieselbe in Deutschland auch nach seiner Ansicht sehr verwirrte Anschauungen. Die deutschen Kolonien, insbesondere Kamerun, seien vorteilhaft und entwicklungsfähig.

Es hat sich nun bei uns in den letzten Jahren gezeigt, daß das verfügbare Kapital in Deutschland selbst zur Zeit kein vollständiges Unterkommen mehr finden kann. Deutschland ist nachgerade so kapitalkräftig geworden, daß es seine überflüssigen Gelder auswärts anzulegen suchen muß. Dabei hat es schon mehrfach empfindliche Verluste bei den Anleihen unsicherer Staaten und Unternehmungen erlitten und der Kapitalist steht heute vielfach vor der Frage: Wohin mit dem Gelde? Ich glaube, unsere Kolonien werden einen Teil des Kapitals gewiß am besten und sichersten aufzunehmen vermögen und das Geld vermag dort auch im nationalen und in keineswegs uns konkurrenzfeindlichem Interesse zu arbeiten. Man kann daher den deutschen Kapitalisten nicht bringend und warm genug auf Kamerun verweisen und empfehlen, nach französischem Beispiel vorzugehen!

3. Sind genügend Kräfte für einen umfangreichen Plantagenbau in Deutschland vorhanden oder sonstwie zu beschaffen?

Ohne Zweifel fehlt es zur Zeit noch in Deutschland an einer genügenden Anzahl junger gesetzter Männer, welche Erfahrungen in der tropischen Landwirtschaft aufweisen können. Es macht Schwierigkeiten, tüchtige Plantagenleiter, sowie sonstige Beamte für die Plantagen zu finden. Weder unser Unterrichtswesen, noch die Verhältnisse der

Deutschen in anderen Kolonien haben hier vorbereitend wirken können. Zudem pflegt auch die Besoldung auf unseren Plantagen im allgemeinen noch keine sehr verlockende zu sein, wenngleich mir auch Verhältnisse bekannt, wo die Plantagenleiter ausgezeichnet gestellt sind.

Es ist also erforderlich, Maßnahmen zu treffen, um europäische Kräfte für den Plantagenbau zu gewinnen. Ein geringer Teil ist vielleicht aus englischen oder holländischen Kolonien zu beziehen, die Hauptsache wird jedoch bleiben, Deutsche anzustellen. Wenn ihre koloniale Erfahrung und Ausbildung auch anfangs zu wünschen übrig läßt, so werden wir doch mit der Zeit in den eigenen Landsleuten die beste Stütze finden.

Es handelt sich jedoch in Kamerun weniger um landwirtschaftlich als gärtnerisch geschulte Kräfte, denn der Plantagenbau ist etwas ganz anderes als ein heimischer landwirtschaftlicher Betrieb. Mag man auch als Leiter einer Plantage einen technisch allseitig gebildeten Land- oder Forstwirt anstellen, die Detailarbeit wird immer dem Gärtner zu überlassen sein, oder doch nur einem solchen Landwirt, der gärtnerisch denken und arbeiten kann.

Um jedoch die jungen Männer für diesen Beruf vorzubereiten und zu unterstützen, empfiehlt es sich, tüchtige Kräfte auszusuchen und sie durch Entsendung nach Trinidad, St. Thomé, Java oder andern Musterstätten der tropischen Agrikultur die Verhältnisse einsehen zu lassen, sowie in Victoria im botanischen Versuchsgarten durch Vorträge und Arbeiten zu schulen. Privatstipendien, sowie staatliche Hilfe ist hier angebracht. Und so wie einst unsere Industrie in ihren Anfängen kräftig gerade dadurch gefördert wurde, daß man junge Leute zum Lernen nach England entsandte und sie dann daheim anstellte, so muß man jetzt in gleicher Weise verfahren, um unsere tropische Landwirtschaft zu fördern.

Der koloniale Gedanke ist nun einmal in Deutschland entstanden und vorhanden, er entspringt einer durchaus soliden Quelle des Volksgeistes und der Zeitlage, ihn jetzt ungefördert zu lassen dort, wo er zur That geworden sicheren Erfolg verspricht, bedeutet soviel, wie ein schulpflichtiges Kind sich selbst überlassen.

Man hat nun auch wohl hier und da erwogen, die deutsche Einwanderung nach Kamerun zu lenken, um Arbeitskräfte zu gewinnen und das Land schneller zu kolonisieren. Davon kann jedoch leider keine Rede sein! In dieser ganzen Kolonie giebt es nur einen Ort, in welchem sich Weiße dauernd niederlassen und alle körperlichen Arbeiten verrichten könnten. Das ist in der höheren Lage des großen Kamerunberges, siehe Tafel 12, etwa zwischen 1000 bis 2500 m über dem Meere.

Hier ist dem Mitteleuropäer dauernd das Klima zusagend. Aber dieser Berggürtel ist so klein und stellenweis auch so steil und schluchtig, daß er kaum 500 Ansiedler-Familien Platz und Arbeit gewährt. In den unteren Lagen des Kamerungebietes ist jede Einwanderung arbeitenden Landvolkes des echt tropischen Klimas wegen ausgeschlossen, ebenso wie in anderen Tropengebieten. Da kann man nur mit der schwarzen Rasse als Arbeitern rechnen! Jedem Tropenkenner ist diese Auffassung durchaus geläufig, und wenn sie in Deutschland noch so häufig nicht erkannt ist, so ist das der vielseitigen Unerfahrenheit in Tropenfragen zuzuschreiben.

Ich habe hier auch noch einen Einwand zurückzuweisen, welcher in letzter Zeit gegen unsere Kolonien seitens deutscher Landwirte auch wohl gemacht ist. Diese fürchten in der landwirtschaftlichen Förderung unseres kolonialen Besitzes eine Vermehrung der Konkurrenz.

Mag nun auch diese Furcht in sehr geringem Grade betreffs Deutsch-Südwestafrika berechtigt erscheinen, für Ostafrika, sowie das Togo- und Kamerungebiet ist sie hinfällig. Was hier an landwirtschaftlichen Produkten erzeugt wird, hat nahezu nichts mit heimischen Feldfrüchten gemein. Eine etwaige Zuckergewinnung aus Zuckerrohr wäre in Kamerun für Deutschland belanglos.

Aus diesen Darlegungen dürfte wohl zur Genüge ersichtlich sein, wie es um Kamerun steht, und welcher Zukunft diese Kolonie entgegengeht, wenn Deutschland hier eine zielbewußte und sichere Kolonialpolitik verfolgt und das deutsche Kapital Vertrauen zu derselben und zu Kamerun faßt. Es ist ja heute das Prinzip der „abwartenden Stellungnahme" in unseren kolonialen Fragen noch immer ein gern gelittenes; bezüglich Kamerun sollte man es aufgeben! Dort ist es an der Zeit, die Kulturarbeit mit allen Kräften durchzuführen, um das Vaterland mit tropischen Nahrungs- und Genußmitteln zu versorgen, die auf der eignen Scholle gewachsen sind. Jede Mark, die am Kamerungebirge richtig in Plantagen angelegt ist, wird privat- wie volkswirtschaftlich reichen Segen bringen! Die Zukunft wird es lehren!

Bonn, um Pfingsten 1896.